재밌는 식물 이야기

윤주복 지음

식물의 몸은 어떻게 생겼을까요?

식물의 몸은 보통 땅속으로 내린 뿌리에서 줄기가 자라고, 그 줄기에 잎이 달려요. 그리고 후손을 퍼뜨리기 위해 꽃을 피우고 열매를 맺지요.

솜방망이는 꽃이 피면서 줄기는 위로 높게 자라며 2장의 가느다란 잎이 마주보고 달려요. 줄기는 꽃송이가 위를 향하도록 튼튼하게 받쳐 주어요.

줄기

줄기잎

솜방망이의 몸을 관찰해 보자!

줄기는 꽃이 피면서 위로 높게 자라요.

솜방망이의 잎은 뿌리에서 여러 장이 촘촘히 모여나요. 길쭉한 잎은 처음에는 솜털로 덮여 있지만 점차 없어져요.

솜방망이

꽃의 생김새를 살펴보아요

꽃은 잎이 변해서 만들어진 것으로 열매와 씨앗을 만들어서 자손을 퍼뜨리는 역할을 해요.
식물마다 꽃의 모양과 색깔은 제각기 달라요. 꽃은 보통 꽃잎, 꽃받침, 암술, 수술의 4가지 기관으로 이루어져 있어요.
꽃잎과 꽃받침은 꽃 가운데의 암술과 수술을 보호하고, 암술과 수술은 열매와 씨앗을 만드는 역할을 해요.

✿ 이질풀 꽃의 생김새

꽃잎, 꽃받침, 암술, 수술의 4가지를 모두 갖추고 있어서 **갖춘꽃**이라고 해요.

수술
암술 둘레에 있는 수술은 10개예요. 수술대 끝에 달리는 꽃밥은 진한 푸른색이며 꽃가루가 나와요.

꽃잎
진분홍색 꽃잎은 5장으로 안쪽에 붉은색 줄무늬가 있어요.

나처럼 모두를 '갖춘꽃'이로구나~

꽃받침
녹색 꽃받침은 5장이고 끝부분이 뾰족해요.

암술
꽃 가운데에 있는 1개의 암술은 꼭대기의 암술머리가 5갈래로 갈라져 뒤로 활처럼 휘어져요.

어린 열매
암술은 꽃이 시들면 밑부분이 길게 자라서 가늘고 긴 열매를 맺어요.

암술

꽃받침

암술

시든 꽃
꽃이 시들면 꽃잎과 수술은 모두 떨어져 나가고 5장의 꽃받침과 암술만 남아요.

꽃받침은 열매가 익을 때까지 남아 있어요.

✿ 으름덩굴 꽃의 생김새

으름덩굴은 한 꽃송이에 2가지 꽃이 피어요. 크기가 큰 꽃에는 꽃 가운데에 암술만 모여 있는데 이 꽃을 **암꽃**이라고 해요. 크기가 작은 꽃은 꽃 가운데에 수술만 둥글게 모여 있으며 **수꽃**이라고 해요. 이처럼 한 그루에 암꽃과 수꽃이 함께 피는 식물을 **암수한그루**라고 해요.

암꽃
보라색 꽃잎처럼 보이는 것은 꽃받침으로 3장이 달리며 꽃잎은 없어요.

안갖춘꽃
으름덩굴의 꽃은 하나의 꽃에 꽃잎과 암술 또는 수술을 제대로 갖추지 못해서 **안갖춘꽃**이라고 해요.

암술
꽃 가운데에는 6~9개의 진한 보라색 암술이 모여 있어요.

수꽃
3장의 꽃받침 가운데에 6개의 수술이 둥글게 모여 있어요.

✿ 낙상홍 꽃의 생김새

낙상홍은 암꽃이 피는 암나무와 수꽃이 피는 수나무가 각각 따로 있는데 이런 식물을 **암수딴그루**라고 해요. 사람에게 여자와 남자가 따로 있고 많은 동물도 암컷과 수컷이 따로 있는 것과 마찬가지예요. 암수딴그루 식물은 암그루에서는 열매를 볼 수 있지만 수그루에서는 열매를 볼 수가 없어요.

암꽃
암나무에 피는 암꽃은 꽃 가운데에 둥근 녹색 암술이 있어요.

수꽃
수나무에 피는 수꽃은 꽃 가운데에 4~5개의 노란색 수술이 있어요.

꽃가루받이는 왜 필요할까요?

식물은 수술의 꽃가루가 암술머리에 묻어서 꽃가루받이가 이루어져야 열매를 맺고 씨앗이 만들어져요.
수술의 꽃가루를 암술머리에 제대로 운반하기 위해 식물은 여러 가지 수단과 방법을 개발하였고, 그래서 식물마다 꽃의 모양이 달라졌어요. 식물은 스스로 움직일 수가 없어서 동물이나 바람 등의 도움을 받아 꽃가루받이를 해요.

벌레나름꽃(충매화)
마편초는 꽃등에와 같은 곤충이 꽃의 꿀을 빨아 먹으면서 꽃가루받이를 도와줘요. 이런 꽃을 **벌레나름꽃** 또는 **충매화**라고 해요.

민들레의 재니등에
민들레 꽃에 재니등에가 날아와서 꽃가루받이를 도와주고 있어요. 식물 중에는 민들레나 마편초처럼 곤충의 도움을 받아서 꽃가루받이를 하는 꽃이 아주 많아요.

범부채의 호랑나비
호랑나비가 긴 대롱 입으로 꽃 속의 꿀을 빨고 있어요.

무궁화의 벌
무궁화 꽃에 벌이 머리를 박고 꿀을 빨고 있어요.

마편초

꿀을 빨아 먹으려고
새들이 모여들었어~

알로에염주나무

새나름꽃(조매화)
아프리카에서 자라는 알로에염주나무는 새가 꽃의 꿀을 빨아 먹으면서 꽃가루받이를 도와줘요.
이런 꽃을 **새나름꽃** 또는 **조매화**라고 해요.

이 풀은 꽃가루받이가 끝난 암술의 기다란 꽃자루가 나사처럼 돌돌 말려서 **나사말**이라고 해요.

바람나름꽃(풍매화)
소나무는 바람을 이용해 꽃가루를 퍼뜨려서 꽃가루받이를 하는데 이런 꽃을 **바람나름꽃** 또는 **풍매화**라고 해요.

물나름꽃(수매화)
나사말은 수꽃의 꽃가루가 물 위를 떠다니다가 암꽃을 만나면 꽃가루받이를 하는데 이런 꽃을 **물나름꽃** 또는 **수매화**라고 해요.

꽃에서 열매까지

대부분의 꽃은 수술의 꽃가루가 암술머리에 묻는 꽃가루받이가 이루어지면 암술 밑부분에 있는 씨방 속의 밑씨가 자라서 씨앗이 되고 씨방은 열매가 되어요.

❋ 도라지 꽃봉오리 단면

꽃봉오리를 세로로 자르면 수술, 암술, 씨방, 밑씨, 꽃잎, 꽃받침을 관찰할 수 있어요.

꽃받침 미끄럼틀을 타고 슈웅~

꽃받침
종 모양의 꽃받침은 씨방을 둘러싸고 있어요.

씨방
꽃에서 앞으로 열매로 자랄 부분을 씨방이라고 해요.

밑씨
씨방 속에는 자잘한 밑씨가 촘촘히 모여 있어요. 밑씨는 나중에 씨앗으로 자라요.

❶ 도라지의 어린 꽃봉오리는 녹색이에요.

❷ 꽃봉오리가 공처럼 부풀면서 보라색으로 변해요.

❸ 꽃봉오리가 5갈래로 갈라지면서 벌어지기 시작해요.

❹ 갓 핀 꽃은 수술이 암술대에 붙어 있어요.

❺ 수술이 벌어지면서 꽃가루가 나와요.

꽃잎
꽃잎은 아직 풍선처럼 둥글게 붙어 있어요.

암술머리
곤봉 모양의 암술머리는 암술대를 지나 밑부분의 씨방과 이어져 있어요.

수술
누른빛이 도는 수술은 암술 둘레를 둘러싸고 있으며 암술보다 먼저 자라서 꽃가루가 나와요.

❿ 꽃받침에 싸인 씨방이 자라 어린 열매가 열려요.

❾ 꽃가루받이가 끝나면 꽃잎이 시들어요.

❻ 점차 모든 수술이 시들어요.

❼ 암술머리 끝이 갈라지기 시작해요.

❽ 암술머리가 5갈래로 활짝 벌어져요.

여러 가지 열매

열매는 만들어지는 위치나 방법에 따라 여러 가지 모양을 하고 있어요.
열매는 열매 속에 들어 있는 수분의 양에 따라 살열매와 마른열매로 나누기도 해요.

새콤달콤 열매살이 가득 들어 있네~

❋ 살열매
열매 속에 부드럽고 즙이 많은 열매살을 가진 열매를 **살열매**라고 해요.

까마중

열매살이 많은 열매는 탱탱하고 점차 검은색으로 익어요.

열매 단면
열매 속은 열매살과 즙이 많고 자잘한 씨앗이 가득 들어 있어요.

자두
7월에 붉게 익는 열매는 열매살이 많으며 과일로 먹는데 새콤달콤해요.

참외
여름에 노랗게 익는 열매는 열매살이 달콤하며 과일로 먹어요.

윤판나물
달걀 모양의 열매는 가을에 검게 익고 열매살이 있어요.

산딸나무
가을에 붉게 익는 딸기 모양의 열매는 열매살이 달콤해서 먹을 수 있어요.

좀작살나무
둥근 열매는 가을에 보라색으로 익고 열매살이 있어요.

콩배나무
콩알처럼 작은 배 모양의 열매는 열매살이 약간 달콤하며 텁텁해요.

귤
가을에 주황색으로 익는 열매는 말랑거리는 달콤한 속살을 과일로 먹어요.

✾ 마른열매

열매가 익으면 말라서 물기가 적어지는 열매를 **마른열매**라고 해요.

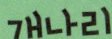 개나리

6월 말의 어린 열매
어린 열매는 달걀처럼 생겼으며 녹색이에요.

씨앗

어린 열매 세로 단면
열매 속은 비어 있고 가운데에 자잘한 씨앗이 촘촘히 모여 있어요.

갈라진 개나리 열매
열매는 익으면서 점차 물기가 마르는 마른열매로 가을에 익으면 세로로 둘로 쪼개져요.

미선나무
동글납작한 부채 모양의 마른열매 속에 2개의 씨앗이 들어 있어요.

냉이
세모진 납작한 열매는 익으면 가운데 선을 따라 세로로 갈라지며 씨앗이 나와요.

신갈나무
도토리 깍정이가 마르면 둥그스름한 씨앗이 빠져나가요.

어저귀
원통 모양의 열매는 익어서 마르면 윗부분이 칸칸이 갈라지면서 씨앗이 나와요.

동백나무
둥근 열매는 가을에 익으면 마른 껍질이 3갈래로 갈라지며 씨앗이 나와요.

독말풀
둥근 달걀 모양의 열매는 가시로 덮여 있고 열매가 마르면 4갈래로 갈라지며 씨앗이 나와요.

붓꽃
길쭉한 세모꼴 열매는 익어서 마르면 끝부분이 갈라져 벌어지면서 씨앗이 나와요.

씨앗이 퍼지는 방법 1

식물은 대부분이 씨앗을 만들어서 자손을 퍼뜨려요. 식물은 움직이지 못하니 제자리에서 씨앗을 멀리 보낼 수 있는 여러 가지 방법을 궁리해 냈어요.

❋ 동물의 몸에 붙어서

열매나 씨앗에 가시나 끈적거리는 물질이 있어서 동물이나 사람의 몸에 붙어서 퍼져요.

씨앗
바늘 모양의 기다란 씨앗 끝에는 3개의 가시가 벋는데 가시에 갈고리가 있어서 동물의 털이나 사람의 옷에 잘 붙어요.

으~ 언제 붙었지? 따끔따끔해~

도깨비바늘
원통 모양의 열매가 익으면 바늘 모양의 기다란 씨앗이 밤송이처럼 벌어져요.

가지 끝에 달리는 어린 열매송이는 원통 모양이에요.

바늘 모양의 씨앗이 도깨비처럼 몰래 옷에 달라붙어서 **도깨비바늘**이라고 해요.

멸가치
곤봉처럼 생긴 열매 윗부분에 모여 달린 가시 모양의 털이 끈적거려서 동물의 몸이나 사람의 옷에 달라붙어 퍼져요.

고슴도치풀
열매 겉이 갈고리 모양의 가시로 덮여 있어서 동물의 몸이나 사람의 옷에 달라붙어 퍼져요.

❋ 동물에 먹혀서

맛있는 열매를 동물이 먹으면 씨앗은 동물의 똥에 섞여서 여러 곳으로 퍼지지요.

까마귀밥여름나무
열매를 새가 따 먹고 씨앗을 퍼뜨려요.

뜰보리수
열매를 새나 동물이 따 먹고 씨앗을 퍼뜨려요.

애기똥풀은 상처에서 나오는 즙이 아기의 노란 똥 색깔이라서 애기똥풀이라고 해요.

엘라이오좀

씨앗

애기똥풀
씨앗에 붙어 있는 엘라이오좀이라는 물질을 먹기 위해 개미가 씨앗을 집으로 가져가요. 개미가 엘라이오좀을 떼어 먹고 남은 씨앗을 밖에 내다 버려서 씨앗이 여러 곳으로 퍼져요.

쥐똥나무
열매를 새가 따 먹고 씨앗을 퍼뜨려요.

씨앗이 퍼지는 방법 2

❋ 바람에 날려서
씨앗에 가벼운 털이나 납작한 날개가 있어서 바람을 타고 멀리 날려 퍼져요.

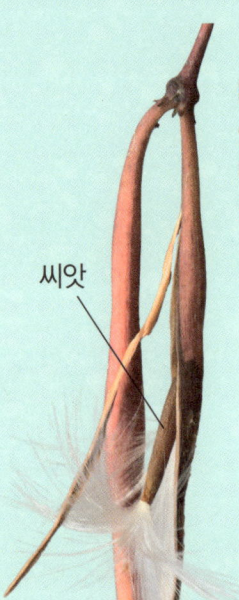

마삭줄
열매가 갈라지면서 나오는 씨앗 끝에는 긴 털이 모여 달려요.

씨앗

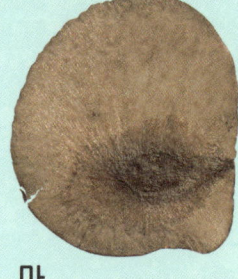

마
씨앗 둘레에 넓은 날개가 있어서 바람에 잘 날려요.

스트로브잣나무
씨앗 한쪽에 넓은 날개가 있어요.

종덩굴
씨앗 한쪽에 남아 있는 기다란 암술대에 깃털이 있어서 바람에 잘 날려요.

무궁화
씨앗 둘레에 긴 털이 모여 있어요.

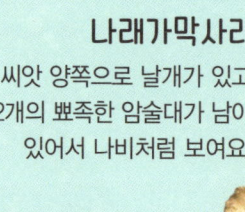

나래가막사리
씨앗 양쪽으로 날개가 있고 2개의 뾰족한 암술대가 남아 있어서 나비처럼 보여요.

✿ 날개열매

어떤 식물은 열매에 날개가 있어서 바람을 타고 열매가 날아가요. 물론 열매 속의 씨앗도 함께 퍼지지요.

단풍나무
씨앗 한쪽에 긴 날개가 있어서 프로펠러처럼 날아요.

미역줄나무
열매에 3개의 넓은 날개가 있으며 날개 끝은 오목해요.

미선나무
동글납작한 열매는 둘레가 넓은 날개로 되어 있어요.

두충
긴 타원형 열매는 둘레가 넓은 날개로 되어 있어요.

가죽나무
기다란 날개열매 한가운데에 씨앗이 들어 있으며 익어도 저절로 벌어지지 않아요.

자귀나무
길고 납작한 꼬투리열매는 바람에 날아가고 꼬투리열매가 쪼개지면서 씨앗이 나와요.

씨앗이 퍼지는 방법 3

❋ 스스로 터져서

바싹 마른 꼬투리처럼 되는 열매는 마른 열매껍질이 터지는 힘으로 씨앗을 튕겨 보내요.

터진 물봉선 열매

터져서 말린 껍질

물봉선
물봉선은 열매가 익으면 껍질이 탱탱해져요. 탱탱해진 열매껍질은 어느 순간 스프링처럼 말리면서 터지고 씨앗과 껍질이 함께 튕겨 날아가요.

열매조각이 내 머리처럼 위로 말렸네~

등 꼬투리열매

열매조각

씨앗

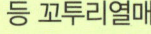

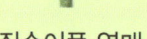

쥐손이풀 열매

위로 말린 열매조각

터진 쥐손이풀 열매

등
꼬투리열매가 쪼개지면서 말리는 힘으로 씨앗이 튕겨 나가요.

쥐손이풀
씨앗이 달린 열매조각이 위로 말리는 힘으로 씨앗이 날아가요.

✿ 밑으로 떨어져서

둥그스름한 씨앗은 땅에 떨어질 때 굴러서 이동하거나
다람쥐가 식량으로 저장한 것이 싹이 터서 자라요.

상수리나무
둥근 씨앗은 나무에서 떨어지면 데굴데굴 굴러가요.

밤나무
둥그스름한 씨앗은 나무에서 떨어지면 데굴데굴 굴러가요.

구실잣밤나무
타원형 씨앗은 나무에서 떨어지면 데굴데굴 굴러가요.

✿ 물 위에 떠서

가벼운 씨앗은 물 위에 오래 떠 있을 수 있어서
물을 따라 이동하다가 땅에 닿으면 싹이 터서 자라요.

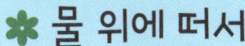

뚜껑덩굴
물가에서 자라는 덩굴식물이에요. 달걀 모양의
열매는 가로로 뚜껑이 열리면서 2개의 씨앗이 나와요.
동글납작한 씨앗은 가벼워서 물에 잘 떠서 퍼져요.

물에 뜬 씨앗

연꽃
연못에서 자라는 연꽃은
열매가 물뿌리개 모양이고
구멍마다 씨앗이 들어 있어요.
단단한 씨앗은 가벼워서
물에 떠서 퍼져요.

코코스야자
열대 지방의 바닷가에서 자라요.
커다란 씨앗은 바닷물에 떠다니다가
바닷가에 닿으면 싹이 터서 자라요.

17

씨앗이 싹 트는 과정을 살펴보아요

씨앗은 동물의 알처럼 장차 싹이 터서 새 식물로 자라날 물질을 말해요.
씨앗은 싹이 틀 조건이 맞을 때를 기다리다가 조건이 좋아지면 싹이 터서 자라기 시작해요.
씨앗이 싹 트기 위해서는 적당한 수분과 온도가 필요해요.

❋ **강낭콩 씨앗이 싹 터서 자라는 과정**

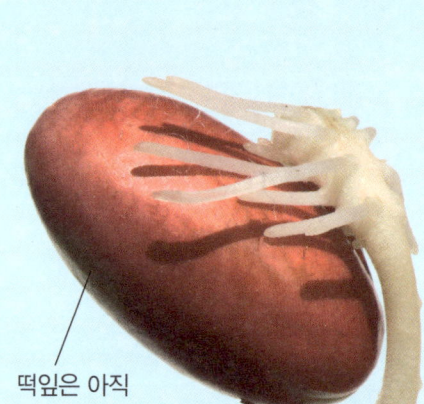

강낭콩아~ 무럭무럭 자라렴~

- 씨껍질을 뚫고 나오는 어린 뿌리
- 원뿌리에서 갈라지는 곁뿌리
- 떡잎
- 원뿌리
- 떡잎은 아직 그대로예요.
- 밑으로 길게 자라는 원뿌리

수분을 흡수한 씨앗은 어린 뿌리가 두꺼운 씨껍질을 뚫고 나오면서 새 생명의 탄생을 알려요.

씨껍질을 뚫고 나온 어린 원뿌리는 점차 길게 자라면서 곁뿌리가 갈라지기 시작해요. 씨껍질 속에는 양분을 저장하고 있는 떡잎이 있어요.

뿌리는 점차 흙이 있는 아래쪽으로 방향을 틀며 자라기 시작해요. 원뿌리는 밑으로 길게 자라면서 흙을 뚫고 깊이 들어가 물과 양분을 흡수하기 시작해요. 떡잎 속에서는 잎과 줄기로 자랄 어린 눈이 나올 준비를 하고 있어요.

떡잎의 양분으로 잎이 자란 본잎은 넓은 잎을 활짝 펼치고 햇빛을 이용해 스스로 양분을 만들기 시작해요.

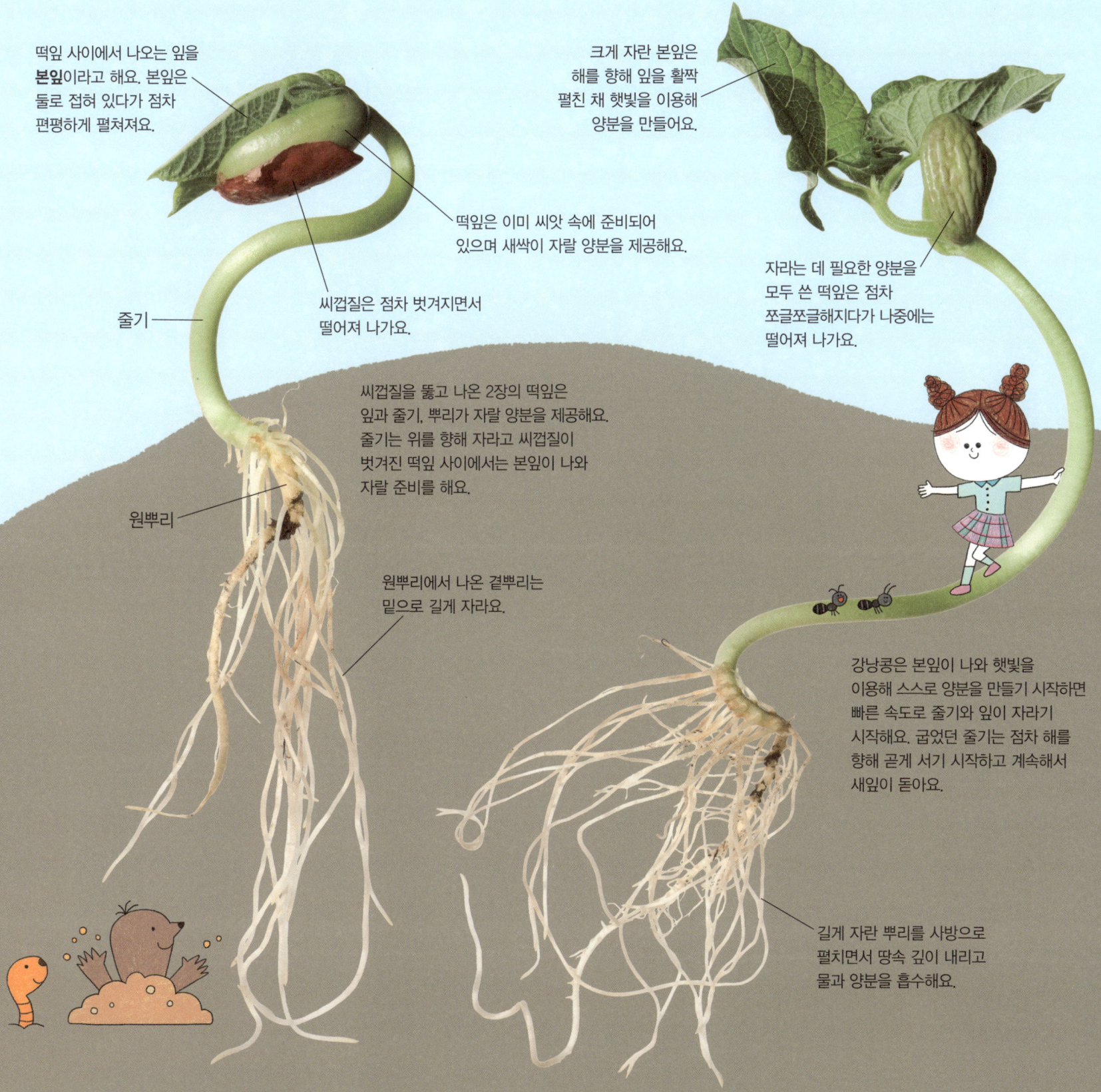

씨앗이 없이 번식하는 식물도 있어요

어떤 식물은 자기 몸의 일부를 이용해서 새로운 식물을 만들기도 해요.
이 방법을 이용하면 똑같은 식물을 한꺼번에 많이 늘릴 수 있어서 좋아요.
농사를 짓는 농부는 이 방법으로 맛있는 열매가 열리는 식물을 계속 불려 나가고
화초를 기르는 정원사도 이 방법으로 아름다운 꽃을 많이 생산해 내요.

❋ 기는 줄기로 번식

새로운 마디에서 잎이 모여났어요.

마디에서 뿌리가 내리면 새로운 개체로 자라요.

기는 줄기

마디에서 잎이 모여나고 뿌리를 내려요.

기는 줄기
새로 벋은 줄기 끝의 마디에서 새잎과 뿌리가 나와 자라면 기는 줄기는 시들어 버려요.

딸기
딸기는 기는 줄기를 이용해 번식해요. 마디에서 잎이 모여나고 뿌리를 내리면 다시 새로운 줄기가 옆으로 벋으면서 마디가 생기고, 그 마디에서 새로운 싹이 트고 뿌리를 내려 새로운 포기로 자라기를 반복해요.

✿ 살눈으로 번식

살눈

뿌리

참나리
참나리는 잎겨드랑이에 살눈이 만들어지는데
이 살눈이 땅에 떨어지면 씨앗처럼 싹이 터서 자라요.

✿ 덩이줄기로 번식

새싹

감자
감자는 땅속줄기가 양분을 저장해서 덩이줄기가
만들어져요. 덩이줄기인 감자는 봄에 씨앗 대신
심으면 새로운 싹이 나와서 자라요.

✿ 잎 끝에 생기는 클론으로 번식

클론

당나귀귀칼란코에
다육식물인 당나귀귀칼란코에는 밑으로 처지는 잎의 끝부분에
클론이라고 하는 어린 눈이 생겨요. 클론이 자라서 성숙해지면
땅에 뿌리를 내리고 새로운 당나귀귀칼란코에로 자라요.

잎의 신기한 생김새

가지나 줄기에 붙는 잎은 햇빛을 받아 양분을 만드는 기관으로 종류마다 모양이 달라요.
잎은 대개 잎몸과 잎자루의 2부분으로 나누어지며 잎자루 밑부분에 1쌍의 턱잎이 붙기도 해요.

와~ 잎이 이렇게 신기하게 생겼구나~

톱니
잎의 가장자리가 들쑥날쑥하게 된 부분을 톱니라고 해요.

겹톱니
하나의 톱니가 다시 둘로 갈라지는 경우가 있는데 이를 겹톱니라고 해요.

잎몸
잎이 넓어진 부분으로 보통 잎에서 잎자루를 제외한 나머지 부분을 말해요. 햇빛과 뿌리에서 빨아올린 물을 이용해서 살아가는 데 필요한 양분을 만드는 역할을 해요.

잎맥(주맥)
잎맥은 잎몸에 고루 퍼져 있는 물과 양분이 이동하는 길이에요. 주맥은 잎맥 중에서 가장 굵은 맥으로 보통 가운데 잎맥을 가리켜요.

잎맥(측맥)
측맥은 주맥으로부터 갈라져 퍼져 나간 잎맥이에요. 국수나무 잎은 잎맥이 그물처럼 계속 갈라져 퍼져 나가서 **그물맥**이라고 해요.

노랑꽃창포

나란히맥
잎자루부터 잎의 끝부분까지 줄줄이 나란하게 이어진 잎맥을 **나란히맥**이라고 해요.

잎자루
잎몸을 가지나 줄기에 붙게 하는 부분을 잎자루라고 해요.

국수나무

가지
줄기와 잎자루를 이어 주는 부분으로 줄기에 붙어 있어요.

턱잎
보통 잎자루 밑부분에 붙어 있는 1쌍의 작은 잎조각으로 잎이 자라면서 떨어져 나가는 식물이 많아요.

잣나무
잣나무는 잎이 바늘 모양이라서 **바늘잎나무**라고 해요.

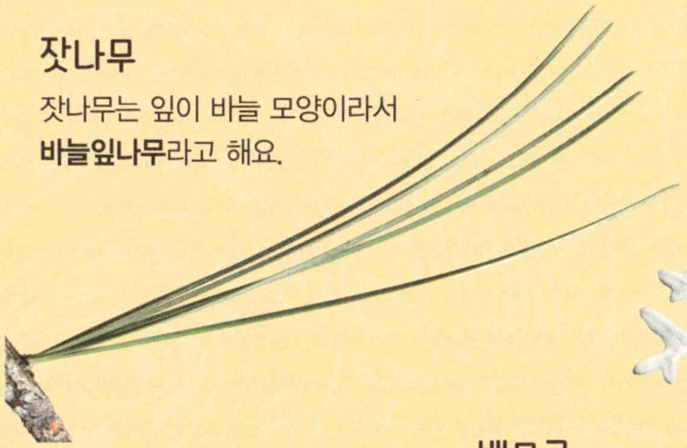

백묘국
잎을 덮고 있는 솜털은 추위와 벌레를 막아 줄 뿐 아니라 잎의 수분이 마르는 것도 막아 주어요.

당단풍
당단풍의 잎은 가을에 기온이 내려가면 점차 붉은색으로 단풍이 들어요.

벌레가 갉아먹은 구멍 모양의 무늬

칼라디움
열대 지방의 숲속에서 자라는 칼라디움은 잎에 벌레가 갉아먹은 것 같은 무늬가 있어서 벌레가 잘 찾아오지 않아요. 잎의 모양이 특이해서 관상용으로 많이 심어요.

✻ 잎은 무슨 일을 할까요?

개암나무

1. **양분을 만들어요.**
잎은 햇빛과 뿌리에서 빨아올린 물을 이용해 양분을 만들어요.
2. **호흡을 해요.**
잎 뒷면에는 군데군데 숨구멍이 있는데 이 숨구멍으로 필요한 공기가 드나들어요.
3. **남은 수분을 내보내요.**
잎은 숨구멍을 통해 사용하고 남은 수분을 내보내요.

쇠뜨기가 숨구멍으로 내보낸 수분

여러 가지 잎을 찾아보아요

식물은 종류마다 잎의 모양과 크기가 달라요. 기본적으로 잎자루에 1장의 잎이 달리면 홑잎이라고 하고 여러 장의 작은잎이 모여 달리면 겹잎이라고 해요.

나를 닮은 예쁜 잎은 어디에 있지?

먼나무
1개의 잎자루에 1장의 잎이 달려서 **홑잎**이라고 해요.

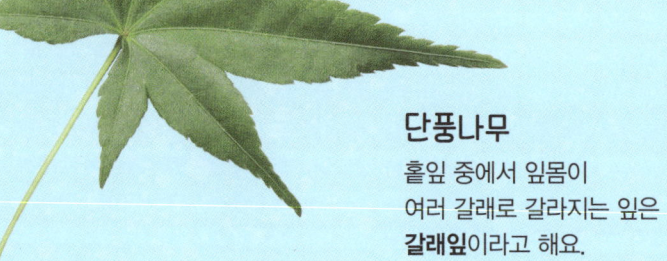

단풍나무
홑잎 중에서 잎몸이 여러 갈래로 갈라지는 잎은 **갈래잎**이라고 해요.

소나무
바늘처럼 길고 뾰족한 잎이 모여 달려요. 소나무처럼 바늘잎을 달고 있는 나무를 **바늘잎나무**라고 해요.

측백나무
작은잎이 비늘처럼 포개지는 비늘잎을 가지고 있어요. 측백나무처럼 비늘잎을 달고 있는 나무도 바늘잎나무에 속해요.

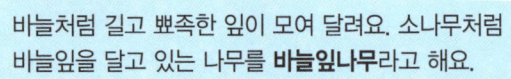

새의 깃털

가시로 몸을 지키는 식물

움직이지 못하는 식물은 자신을 해치려고 하는 적으로부터 몸을 보호하기 위해 여러 가지 방법을 궁리해 냈어요. 그중 가장 흔하게 쓰이는 방법이 가시로 무장해서 몸을 지키는 거예요.

잇꽃
꽃송이 밑부분을 싸고 있는 조각들의 끝이 날카로운 가시로 되어 있어요.

가시연꽃
꽃봉오리, 꽃자루, 잎이 모두 날카로운 가시로 덮여 있어요.

밤나무
열매송이가 가시로 덮여 있어요.

석류
가지 끝이 가시로 변해요.

산토끼꽃
열매송이가 가시로 덮여 있어요.

꽃봉오리가 기다란 가시로 덮여 있어요.

줄기에 나는 지느러미 모양의 날개 끝이 가시로 되어 있어요.

지느러미엉겅퀴
들에서 자라는 지느러미엉겅퀴는 줄기, 잎, 꽃봉오리가 모두 가시로 무장을 해서 동물이 접근하기 힘들어요.

새 깃처럼 갈라지는 잎은 갈래 조각 끝이 가시로 되어 있어요.

모서리의 가시

호랑가시나무
육각형의 단단한 잎은 모서리마다 날카로운 가시가 있어서
동물이 먹지 못해요.

토인즐주선인장
기둥처럼 자라는 선인장으로 세로로
골이 지고 모서리마다 가시가 모여나요.

가는잎쐐기풀
줄기에 가시털이 많은데 찔리면 독성분이
나와서 쐐기에 쏘인 것처럼 몹시 아파요.

음나무
가지에 날카로운
가시가 많아서 동물이
접근하지 못해요.

27

풀과 나무의 줄기는 어떻게 다를까요?

잎이나 꽃이 달리는 줄기는 위로 자라며 대부분 가지가 갈라져요. 땅 위의 줄기가 부드러우면서 1년 정도 밖에 살지 못하는 식물은 풀이라고 하고, 여러 해를 살면서 단단한 줄기가 계속 굵어지는 식물은 나무라고 해요.

바나나

바나나는 더운 열대 지방에서 3~10m 높이로 나무처럼 크게 자라고 줄기가 굵어지지만 실제로는 풀이에요. 바나나의 줄기를 가로로 잘라 보면 가는 초승달처럼 생긴 잎자루 밑부분이 여러 겹으로 차곡차곡 겹쳐진 모양을 볼 수 있어요. 잎자루 밑부분은 비어 있는 흰색 구멍이 많이 있어서 줄기가 조금 더 튼튼해지지만 나무처럼 단단하지는 않아요.

비어 있는 구멍

바나나 줄기 단면

리기다소나무

리기다소나무는 산에서 25m 정도로 높게 자라요. 해마다 줄기가 위로 자라면서 몸통도 조금씩 굵어져요. 기둥처럼 생긴 줄기를 잘라 보면 속은 단단한 나무질로 되어 있고 겉은 나무껍질로 싸여 있는 것을 볼 수 있어요. 또 나이테도 볼 수 있는데 넓은 흰색 줄은 여름에 잘 자란 부분이고 좁은 갈색 부분은 가을에 더디게 자란 부분이에요. 그래서 나이테를 세어 보면 나무의 나이를 알 수 있어요.

리기다소나무 줄기 단면

뿌리가 하는 일은 무엇일까요?

뿌리는 보통 복잡하게 갈라져서 땅속으로 넓고 깊게 들어가며 자라요. 뿌리는 물과 양분을 빨아올리고 줄기를 든든하게 받쳐 주며 잎이 만든 양분을 저장하는 역할을 해요.

감자의 뿌리털
뿌리의 끝부분에는 부드럽고 가는 털이 자라는데 이 털을 **뿌리털**이라고 해요. 뿌리털은 물과 양분을 빨아들이는 역할을 해요.

솜뭉치처럼 자란 뿌리털

✽ 뿌리가 하는 일

1. 흡수 작용
뿌리는 식물이 살아가는 데 필요한 물과 양분을 빨아들이는 역할을 해요.

고구마 뿌리의 자람
고구마를 물에 담그면 뿌리가 내리면서 물을 흡수해 새싹이 나와 자라요.

가뭄
가뭄이 들면 물을 빨아들이지 못한 식물은 말라 죽거나 살아남아도 제대로 크지 못해요.

옥수수의 버팀뿌리

무의 저장뿌리

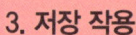

3. 저장 작용
뿌리는 잎에서 만든 양분을 저장하는 역할도 해요.

2. 지지 작용
뿌리는 줄기가 쓰러지지 않도록 지탱해 주는 역할을 해요.

뿌리는 길게 사방으로 벋어요. 뿌리에서 흡수한 물과 양분으로 잎과 줄기는 점차 크게 자랄 수 있어요.

갓 핀 꽃의 줄기는 5㎝ 정도 밖에 되지 않아요.

솜나물

산과 들의 풀밭에서 자라는 여러해살이풀이에요. 이른 봄에 뿌리잎 사이에서 키가 작은 꽃줄기가 나와 그 끝에 1송이의 흰색 꽃이 피는데 다 자라도 10㎝ 정도 밖에 되지 않아요. 하지만 이 작은 솜나물이 땅속으로 벋는 뿌리는 꽃줄기의 몇 배가 넘는 길이예요. 뿌리는 땅속으로는 깊게 들어가지 않고 대부분이 옆으로 벋으며 사방으로 퍼져 나가요.

뒷면이 솜털로 덮인 뿌리잎을 봄에 뿌리째 캐서 나물로 먹기 때문에 솜나물이라고 해요.

곁뿌리

굵은 뿌리는 원뿌리이고 원뿌리에서 갈라져 나간 가는 뿌리를 **곁뿌리**라고 해요.

앗! 뿌리가 이렇게 길게 자라다니!

찾아보기

ㄱ
가는잎쐐기풀 27
가시연꽃 26
가죽나무 15
감자 21, 30
강낭콩 18, 19
개나리 11
개암나무 23
거지덩굴 25
고구마 30
고슴도치풀 13
구실잣밤나무 17
국수나무 22
귤 10
까마귀밥여름나무 13
까마중 10

ㄴ
나래가막사리 14
나사말 7
낙상홍 5
냉이 11
노랑꽃창포 22

ㄷ
단풍나무 15, 24
담쟁이덩굴 29
당나귀귀칼란코에 21
당단풍 23
도깨비바늘 12

도라지 8, 9
독말풀 11
동백나무 11
두충 15
등 16
딸기 20
뚜껑덩굴 17
뜰보리수 13

ㄹ
리기다소나무 28

ㅁ
마 14
마삭줄 14
마편초 6
먼나무 24
며느리밑씻개 29
멸가치 13
무 30
무궁화 6, 14
물봉선 16
미선나무 11, 15
미역줄나무 15
민들레 6

ㅂ
바나나 28
밤나무 17, 26
백묘국 23

범부채 6
붓꽃 11

ㅅ
사위질빵 29
산딸나무 10
산토끼꽃 26
상수리나무 17
석류 26
소나무 7, 24
솜나물 31
솜방망이 2, 3
쇠뜨기 23
스트로브잣나무 14
신갈나무 11
싸리 25

ㅇ
알로에염주나무 7
애기똥풀 13
어저귀 11
연꽃 17
옥수수 30
윤판나물 10
으름덩굴 5, 25, 29
음나무 27
이질풀 4
잇꽃 26

ㅈ
자귀나무 15
자두 10
잣나무 23
좀작살나무 10
종덩굴 14
쥐똥나무 13
쥐손이풀 16
지느러미엉겅퀴 26

ㅊ
참나리 21
참외 10
측백나무 24

ㅋ
칼라디움 23
코코스야자 17
콩배나무 10

ㅌ
토인즐주선인장 27

ㅍ
편복초 25

ㅎ
해당화 25
호랑가시나무 27
호박 29